Pâte à sel

étape par étape

Pascale ETCHEVERRY
Catherine POUTOT

Photos : S.A.E.P. / J.L. SYREN et V. MORITZ

ÉDITIONS S.A.E.P.
68040 INGERSHEIM - COLMAR

Une pâte banale, quoique…

Le dictionnaire donne cette définition du mot pâte : farine détrempée et pétrie, amalgame mou de matières broyées et amalgamées. Le premier composant est ainsi mis à jour : la farine.

Le second ingrédient indispensable donne son nom à la pâte : le sel, qui est un minéral inerte ; mais dans un sens figuré, le sel est ce qu'il y a de plus fin, de vif dans la conversation ou dans un ouvrage de l'esprit.

Le troisième composant, anodin en apparence, reste l'eau qui assure la liaison de l'ensemble.

La conjugaison des trois s'élève et la banale pâte prend alors une autre dimension, devient plus souple et intéressante, accroche l'esprit, permet aux mains la confection d'objets culturels que l'on personnalise à l'infini.

Les formules de composition restent limitées, les ingrédients sont communs ; le faible coût de mise en œuvre de ceux-ci met l'utilisation de la pâte à sel à la portée de tous ; mais le résultat sera le fruit du travail et de la sensibilité de chacun.

Enfin, cet ouvrage vous permettra de mettre la main à la pâte et de créer vous-même de petits chefs-d'œuvre qui vous apporteront légitime fierté et satisfaction personnelle. Bref, vous serez heureux comme un coq en pâte… à sel !

Techniques de base

AVANT DE COMMENCER

Prenez le temps de bien préparer le lieu où vous allez travailler : choisissez un plan de travail bien stable, à bonne hauteur – assez haut pour travailler debout, plus bas pour travailler assis, plutôt que courbé – fabriqué dans un matériau robuste et lisse.

Disposez autour de vous tous les objets dont vous allez avoir besoin pour votre réalisation : pâte à sel, rouleau, éléments de décor, de fixation, sans oublier un verre

Techniques de base

d'eau et un coton-tige pour humecter le raccord entre les différentes pièces de l'objet.

Si vous utilisez de la vaisselle comme support, pensez toujours à l'emballer de papier aluminium, le démoulage sera plus simple.

Prenez également l'habitude de travailler directement sur un morceau de papier aluminium. Vous enfournerez votre pièce ainsi réalisée beaucoup plus facilement.

Recouvrez d'un sachet plastique tout objet commencé et non achevé afin de lui préserver sa texture.

Matériel :

- Peigne
- Passoire
- Brosse à dents
- Paille
- Cure-dent
- Bâtonnet
- Rouleau
- Couteau effilé
- Trombone
- Boutons, boulons à vis et autres formes à imprimer
- Épices à incruster
- Roulette à pâtisserie
- Papier aluminium

Techniques de base

PRÉPARER LA PÂTE À SEL

Il existe de nombreuses recettes de pâte à sel. Celle que vous trouverez ci-dessous donne de très bons résultats et est très simple à mettre en œuvre.

Voici les proportions :
— 1 mesure de sel fin iodé et fluoré (c'est le plus fin)
— 2 mesures de farine
— de l'eau.

Pour obtenir une pâte facile à travailler et tenant bien à la cuisson, respecter scrupuleusement ces proportions. La quantité à mettre en œuvre dépendra de la dimension des pièces que vous allez réaliser.

Techniques de base

Verser le sel dans une terrine.

Humidifier avec l'eau.

Ajouter la farine, mélanger. Mouiller à nouveau

afin que la pâte prenne corps. Elle doit être compacte, ferme et non collante.

Une pâte trop molle s'affaissera à la cuisson. Prenez donc l'habitude de n'ajouter l'eau que très progressivement.

Une **pâte à sel sèche** est parfois utilisée. La recette est la même, seule la quantité d'eau est amoindrie. Vous devez obtenir une texture voisine de la pâte sablée. Cette pâte se craquelle en surface à la cuisson. On l'utilise pour cette propriété. Elle sert pour le « Père Noël suspendu » p. 82.

Techniques de base

COLORER LA PÂTE À SEL

Colorer la pâte à sel dans la masse donne des résultats bien différents de ceux obtenus en peignant votre sujet après cuisson.

Les couleurs sont moins franches, les détails ne peuvent être aussi fins.

Cette technique est surtout utilisée pour donner une teinte de fond au modèle que l'on reprendra à la peinture après cuisson.

Vous pouvez teindre la pâte avec des colorants alimentaires, de la gouache, des encres de couleur ou des colorants naturels : curry, café, paprika... ces colorants donnent des teintes chaudes à la pâte : brune, orangée ou jaune.

Le colorant doit être ajouté à l'eau avant la farine, la couleur sera ainsi bien répartie.

Si vous désirez obtenir des marbrures, n'ajoutez le colorant qu'une fois la pâte réalisée.

Techniques de base

CONSERVER LA PÂTE À SEL

Vous n'arriverez pas toujours à préparer juste la quantité de pâte nécessaire à la réalisation du modèle que vous aurez choisi. S'il ne vous en reste qu'une petite quantité, jetez-la sans regret. S'il vous en reste une quantité plus importante ou si vous devez réaliser votre sujet en plusieurs jours (séchages intermédiaires), il faudra arriver à la conserver en l'état, sans qu'elle ne durcisse ni ne croûte.

Rassemblez le surplus de pâte en une seule boule compacte. Glissez-la dans un sac plastique soigneusement fermé ou mieux, dans une boîte plastique étanche prévue pour la conservation des aliments. Gardez le tout à température ambiante, jamais au réfrigérateur. Elle deviendrait dure et difficile à travailler.

Bien emballée, votre pâte à sel conservera toute son élasticité durant plusieurs jours.

Techniques de base

FAÇONNAGE

Tous les sujets réalisés dans ce livre sont faits à partir d'éléments simples additionnés les uns aux autres. Ce ne sont que de grosses ou de petites boules, des cônes, des rubans ou des boudins façonnés individuellement.

Qui n'a, dans sa jeunesse, joué avec de la pâte à modeler ? Alors, laissez-vous aller et créez sans retenue.

Prélever la quantité de pâte nécessaire. Emballer le reste.

Bien malaxer la pâte dans vos mains avant de commencer à réaliser quoi que ce soit.

La boule : c'est la forme de base. Rouler la pâte sur le plan de travail, sous la paume de la main,

jusqu'à obtenir une forme régulière et lisse.

Le boudin : continuer de la travailler en l'écrasant régulièrement.

Le cylindre doit être d'un diamètre régulier.

Techniques de base

Le cône : partir d'une petite boule.

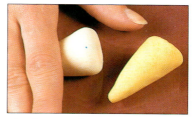

La faire rouler sous le doigt en n'appuyant que d'un côté.

La torsade : vriller un long boudin plié en deux en le maintenant à l'une des extrémités.

La tresse : coller trois boudins de pâte ensemble. Tresser les brins.

Le fond de plaque : partir d'une boule régulière. L'étaler jusqu'à l'épaisseur souhaitée.

Pour obtenir une abaisse régulière, placer deux crayons de part et d'autre de la boule de pâte.

Les feuilles : écraser des billes en leur donnant une forme allongée. Marquer les nervures.

Les filaments : écraser une boule de pâte dans le presse-ail. Recueillir les filaments.

Techniques de base

DÉCORATION

Que vous conseiller pour la décoration de vos sujets ? Encore une fois, laissez libre cours à votre imagination. Tout peut servir, la moindre vis tordue, un bâton de sucette, les boutons de grand-mère, une boucle de ceinturon ; tout peut laisser une empreinte dans votre pâte qui prendra alors vie. Vous pouvez aussi imprimer avec du carton ondulé, de la dentelle et travailler la finition ainsi que le détail avec un cure-dent.

Des petits moules à pâtisserie servent comme emporte-pièce d'un côté puis comme élément de décoration de l'autre côté. Dans cet exemple, on dispose d'une jolie collerette.

Ne jetez plus vos anciens boutons mais, au contraire, cherchez-en d'autres. Ils permettent de réaliser de très jolis motifs.

Déposer la dentelle sur la pâte. Imprimer son motif à l'aide d'un rouleau. Le décor sera mis en valeur par un peu de peinture.

Techniques de base

Les cheveux : marquer des lanières de pâte avec les dents d'un peigne ou en les striant au couteau. En enrouler une autour d'une brochette en bois, retirer la brochette et coller les boucles autour du visage. On peut également coller des petits morceaux enchevêtrés.

En partant du même principe, il est possible de réaliser tous les styles de coiffures. On peut également utiliser le presse-ail.

Le visage : il est constitué par une boule de pâte. Les oreilles sont deux petites billes de pâte collées et écrasées par un bâton de sucette. Le nez est rapporté puis travaillé. Les yeux, la bouche, les sourcils sont dessinés avec le bâton de sucette, une paille coupée et un cure-dent.

13

Techniques de base

LES FLEURS

La rose :
Former des boules aplaties. Les enrouler autour d'un cône en les superposant légèrement. Couper l'excédent de pâte à la base.

L'œillet :
Aplatir un boudin au rouleau. Faire un dentelé sur le haut avec une roulette à pâtisserie.
Rouler la bande en changeant de sens à mi-chemin. Presser fortement la base afin que la fleur s'ouvre.

La marguerite :
Façonner un cône. Faire un cratère en enfonçant le doigt. À l'aide d'un couteau, franger le pourtour. Ouvrir les pétales. Poser une boule aplatie au cœur. Piqueter avec le cure-dent.

Le coquelicot :
Superposer quatre boules aplaties. Décoller légèrement les pétales avec des boulettes de papier aluminium. Mettre une boule pour le cœur, marquer avec le couteau. À l'aide du presse-ail, faire des filaments à déposer autour du cœur.

Techniques de base

Le chrysanthème-Tokyo :
Étaler la pâte, découper une bande aux côtés inégaux. À l'aide du couteau, couper des franges sur toute la longueur. Rouler la bande en commençant par le plus petit côté.

Rabattre doucement les franges vers le cœur sur deux tours puis vers l'extérieur.

Techniques de base

CUISSON

Avant de commencer une réalisation, pensez à recouvrir votre plaque de four avec une feuille de papier aluminium, puis modelez votre objet dessus ; cela évite des manipulations et des risques de casse.

Ce que nous utilisons pour les modèles du livre n'est pas une cuisson comme nous la pratiquons en cuisine ; il s'agit d'un séchage à four doux d'une durée minimum de 3 heures pour de petits sujets (lutin, décors de table, coupelle...) et de 6 à 8 heures, voire plus, pour les autres.

Cuisson normale.

Pas assez cuit.

Trop cuit.

Techniques de base

Il peut arriver que, par temps humide, vous ayez beaucoup de mal à sécher vos sujets. La surface est dure mais le cœur est tendre. Vous devez alors remettre vos objets au four aussi longtemps qu'il le faut. Il n'est pas impératif que cela se fasse en une journée. Vous pouvez les faire attendre quelques jours sur une grille.

Les sujets en pâte à sel peuvent refroidir tranquillement dans le four arrêté.

SÉCHAGE

Séchage au four :

Fonctionnant au gaz ou à l'électricité, tous les fours conviennent, y compris les fours ménagers.

Se rappeler qu'il est important de démarrer le séchage à four doux (th. 2) pendant 1 heure environ puis d'augmenter progressivement la température par demi-heure, en évitant toutefois de dépasser le thermostat 5, sauf si l'on souhaite brunir les pièces. Cependant, se souvenir que cela doit être exécuté sous une surveillance attentive.

Séchage à l'air libre :

Il rend les grosses pièces fragiles.

C'est une méthode économique mais très longue selon l'épaisseur du modèle. Elle peut durer plusieurs semaines.

Techniques de base

LA PEINTURE ET LE VERNIS

La peinture :

Toutes les peintures sont utilisables sur la pâte à sel, mais je vous conseille l'aquarelle : c'est la seule peinture qui, je trouve, garde à la pâte tout son caractère.

Ne pas recouvrir entièrement le sujet de couleur, laisser par endroit la pâte nature, elle n'en aura que plus de volume et d'éclat.

Laisser sécher quelques heures avant de vernir.

Le vernis :

Deux sortes de vernis pour la pâte à sel :
— le vernis pour gouache (onéreux pour de grosses quantités)
— le vernis à bois.

Choisir un vernis de bonne qualité et qui ne jaunisse pas avec le temps.

Si, malgré toutes ces précautions, votre pâte à sel absorbe l'humidité ambiante (cela arrive parfois en mi-saison), il est possible de remettre votre sujet au four (th. 2) quelques moments pour l'assécher à nouveau.

L'expression du visage n'est donnée que par quelques traits fins d'aquarelle. Inutile de surcharger avec beaucoup de peinture.

Techniques de base

Les fleurs : les motifs floraux servent souvent pour les habits, les décors… Il faut travailler avec minutie et patience, en utilisant des formes simples et en les répétant.

Les habits : voici quelques idées de motifs de tissus que l'on peut décliner en les combinant ou en variant les couleurs. L'aspect du poil est obtenu par une succession de fines touches de peinture.

Techniques de base

ASSEMBLAGES

La plupart des pièces sont trop complexes pour être réalisées en un seul morceau. Vous allez devoir réunir différents morceaux travaillés séparément pour obtenir la pièce finie. Deux solutions vous sont offertes : l'assemblage à cru ou cuit.

L'assemblage de pâte crue :

Coller les éléments entre eux en les humidifiant à l'aide d'un coton-tige.

Mettre en contact les deux morceaux puis presser légèrement. Cette technique convient aux petites pièces.

Coller à l'eau comme précédemment mais renforcer la soudure en glissant verticalement un morceau de cure-dent entre les deux éléments (tête de poupée).

Techniques de base

L'assemblage de pièces séchées :

Fabriquer des boudins de pâte afin de caler les éléments à monter. Lisser soigneusement. Enfourner, th. 2, afin de sécher la soudure.

Si vous devez réparer une pièce cassée, vous utiliserez la même technique après avoir humidifié la cassure.

On peut également utiliser de la colle universelle ou un pistolet à colle.

Pour plus de facilité, il vaut souvent mieux peindre les différents sujets avant de les assembler. Si vous avez utilisé de l'aquarelle, vous pouvez encore passer l'ensemble au four pour sécher les soudures en pâte à sel sans risque pour la couleur.

Techniques de base

UTILISATION DES PIÈCES TERMINÉES

Vous venez de terminer la pièce que vous avez choisie. Il vous aura fallu de la patience et beaucoup de minutie mais le résultat est là et, à juste titre, vous en êtes fier. C'est pour cela que nous vous proposons quelques solutions pour mettre en valeur vos pâtes à sel.

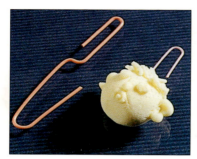

Si vous souhaitez accrocher votre pâte à sel directement au mur, n'oubliez pas de piquer un trombone tordu avant le séchage

ou de coller un crochet à tableau après la cuisson.

Certaines pièces peuvent être simplement posées. Elles sont conçues pour cet usage.

Pourquoi ne pas présenter une pièce particulièrement soignée sur un chevalet.

Techniques de base

En tableau : coller votre pâte à sel sur un carton fort, éventuellement décoré et placez le tout dans un cadre.

La collection : imiter une collection d'insectes rares ou d'animaux. Déposer plusieurs sujets de la même famille dans une boîte. Étiqueter. Couvrir d'un verre.

Réalisations

Pommier des mariés

L'arbre : rouler un gros boudin. À l'aide du couteau, ouvrir en haut et en bas afin de former les branches et les racines. Dessiner quelques stries à l'aide d'une vis (p. 56) pour figurer l'écorce.

Les pommes : rouler une boule, enfoncer un clou de girofle en laissant dépasser la queue.
Les feuilles : modeler une boule. Pincer les deux bouts, marquer les nervures avec le cure-dent. Construire le feuillage du pommier en intercalant pommes et feuilles sur les branchages.

Les mariés : pour l'homme ou la femme, faire la même base : une boule pour la tête, un gros boudin fendu aux deux tiers forme le corps et les jambes, deux petits boudins pour les bras. Mettre un cure-dent entre la tête et le corps afin de solidifier le tout. Installer vos personnages de part et d'autre du tronc.

À l'aide du presse-ail, réaliser la chevelure. La disposer sur la tête des mariés. Construire les chapeaux : une boule aplatie en galette pour la mariée. Un petit rectangle avec un boudin à sa base fera le haut de forme du marié.

Découper les vêtements des mariés. Imprimer de la dentelle sur les volants de la robe puis les superposer. Mettre en place les derniers éléments : nœud papillon, chaussures, boutons….

Sécher au four.

Peindre puis vernir.

27

Tresse, ail et sorcière

La tresse : rouler un long boudin de pâte, le plier en deux en laissant une boucle puis le tresser. Décorer la tresse à l'aide de divers outils : paille, bouton, etc. Entailler les extrémités pour former des franges.

L'ail : former une boule. Pincer fortement le haut pour former la queue. Avec le couteau, marquer les séparations de la gousse. À l'aide du presse-ail, fabriquer les racines.

La sorcière : installer le corps de la sorcière sur la jambe horizontale de la tresse. Rouler une boule plus petite pour la tête. Rouler deux boudins : un pour la jambe, l'autre pour le bras.

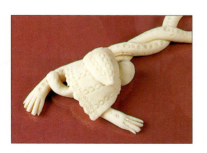

Construire les vêtements avec différents triangles. Décorer ceux-ci à l'aide d'empreintes ou les peindre après cuisson. Les disposer sur le corps.

Enfoncer un clou de girofle pour le nez, marquer l'œil à l'aide d'un bâton de sucette. Former le sabot en pinçant le bout d'une boule, marquer le talon avec le couteau.

Disposer les gousses d'ail sur la tresse.

Sécher à four doux. Peindre la sorcière, blanchir l'ail puis vernir le tout.

Tresse, écureuil et noisettes

Pour la réalisation de la tresse, voir p. 28.

Préparer l'écureuil. **La tête** : faire une boule ovale, pincer le bout du nez, coller une petite boule pour la joue, marquer la bouche et l'œil à l'aide d'un couteau.

Les oreilles : rouler deux boudins, les effiler, marquer l'intérieur avec un cure-dent.

Le corps : modeler un gros boudin. L'arrondir vers le bas, marquer la cuisse au couteau.

La queue : préparer une boule de pâte, l'aplatir légèrement, l'affiner aux deux extrémités, cranter tout le tour.

Deux boules ovalisées formeront les pattes. Couper le bout afin de former les doigts.

Les feuilles : façonner une boule. L'aplatir. Lui donner la forme voulue en la modelant avec les doigts. Cranter le tour à l'aide d'un couteau. Marquer les nervures. Recommencer l'opération deux fois.

Les noisettes : faire une boule. Pincer légèrement la base.

Découper une étoile au couteau puis la poser sur la noisette.

Assembler tous les éléments de la tresse et de l'écureuil.

Sécher à four doux plusieurs heures.

Peindre l'écureuil ainsi que les noisettes et les feuilles. Vernir le tout.

Gerbe de maïs et de blé aux 2 souricettes

Les tiges : prendre une boule de pâte, l'étaler puis découper un rectangle. À l'aide d'un couteau, dessiner des stries pour marquer les tiges de maïs. Mettre une boule de papier aluminium sous cette bande afin qu'elle ne soit pas trop plate.

Les épis : ovaliser des boules pour former le maïs et le blé.
Maïs : à l'aide d'un couteau, faire des traits pour former les grains.
Blé : avec les pointes du ciseau, couper en écartant légèrement.
Feuilles : couper des bandes que vous striez au couteau puis les disposer de part et d'autre des épis de maïs.

Les souris : préparer trois boules : une grande pour la tête de la souricette et deux petites pour les oreilles. Pincer légèrement le nez, aplatir les boules pour les oreilles. Marquer le creux au cure-dent.

Une boule transformée en triangle forme la robe. Creuser la base avec le pouce, rouler quatre boudins pour les pattes, un bras et la queue. Renouveler l'opération.

Assembler chaque souricette sur les tiges. Disposer le feuillage et les épis.

Sécher plusieurs heures à four doux.

Peindre le tout puis vernir.

Bébé chou

Le chou : il faut préparer un fond de pâte et travailler des boules de pâte pour fabriquer des feuilles avec la main.

La forme des feuilles obtenues étant satisfaisante, marquer les nervures : prendre une feuille de chou vert, la poser sur la pâte et, en appuyant avec le rouleau à pâtisserie, imprimer les nervures.

Les disposer sur le fond de pâte en les faisant se chevaucher. Leur donner un peu de volume à l'aide de boules de papier aluminium.

Le bébé : donner la forme d'un œuf à une grosse boule. Une boule plus petite fera la tête. Deux boudins de pâte formeront les bras. Coiffer la tête d'une petite feuille de chou.

Installer le bébé sur les feuilles en prenant soin que la tête soit au-dessus du chou. Terminer en posant les feuilles sur le corps du bébé. Laisser dépasser les bras.

Sécher à four doux.

Peindre les feuilles de chou et le bébé. Vernir.

Ces sujets peuvent faire de jolis cadeaux de naissance.

En suivant le même principe, on peut réaliser un bébé rose pour les petites filles.

Panier de roses

Le panier : étaler une grosse boule de pâte avec le rouleau à pâtisserie, poser deux crayons de chaque côté pour obtenir un fond régulier. Découper la forme du panier avec le couteau.

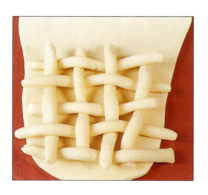

Former une dizaine de boudins, les tresser sur la partie basse du panier.

Passer le rouleau à pâtisserie sans trop appuyer. Avec le couteau, marquer les stries pour imiter la paille.

Préparer deux boudins de pâte. Confectionner une natte qui formera l'anse du panier. Dessiner les stries. Couper l'excédent sur le pourtour du panier.

Poser une tresse sur la base du panier.

Fabriquer des roses (p. 14) et des feuilles (p. 11). Poser les roses sur le fond puis intercaler les feuilles harmonieusement.

Sécher à four doux (th. 2) quelques heures. Monter progressivement en température (th. 5) afin de brunir légèrement l'ensemble. Laisser refroidir.

Cirer le panier et les roses avec une cire brune (cire à meubles). Laisser sécher 24 heures. Frotter avec une brosse douce pour faire briller. Il n'est plus nécessaire de vernir. Ne pas oublier de surveiller votre bouquet à la mi-saison afin qu'il ne prenne pas l'humidité.

L'urne aux coquelicots

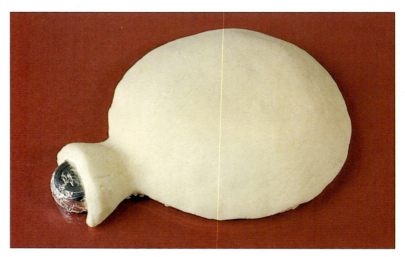

L'urne : étaler la pâte, y découper la forme générale. Pour donner le volume arrondi au bouquet sans utiliser trop de pâte, glisser une coupelle sous la composition centrale et un bouchon sous le pied de l'urne.

Décorer le socle de l'urne en ajoutant des languettes de pâte fine et en imprimant différents motifs.

Ajouter éventuellement des bandes de pâte imprimées sur l'urne,

ou reprendre les motifs de la base en les agrandissant.

La feuille de coquelicot : étaler une étroite lamelle de pâte. Entailler irrégulièrement son bord et dégager les ébarbures.

Il ne reste plus qu'à composer le bouquet à son gré en suivant la notice explicative des fleurs (p. 14). Il est conseillé de sécher l'ensemble dans un four pour obtenir une meilleure adhérence.

Peindre les fleurs et les feuilles puis vernir.

UNE VARIANTE : LE PANIER FLEURI

Le panier tressé :

Prendre une boule de pâte, l'aplatir à 1 cm d'épaisseur. Découper la forme désirée avec le couteau puis, à l'aide de deux fourchettes mises dos à dos, griffer la pâte en tirant vers le haut. De cette manière, vous obtiendrez une variante de vannerie. À vous de le remplir de fleurs.

Coupelle en nénuphar et grenouille

La coupelle : rouler un boudin puis le fermer en anneau.

Prendre une boule de pâte, l'étaler pour former la feuille, puis la poser sur l'anneau. Il faut que le contour de la feuille soit irrégulier.

La fleur de nénuphar : rouler 10 boules, les aplatir puis pincer leurs deux extrémités. Les assembler en quinconce. Fixer une boule qui forme le cœur. Poser la fleur sur le bord de la coupelle.

La grenouille : ovaliser une boule, préparer deux petits boudins pour les pattes avant, deux plus longs que l'on replie pour former les pattes arrière et quatre boules, dont deux plus petites, pour les yeux.

Fendre la bouche avec un couteau, assembler les pattes arrière et installer la grenouille sur le nénuphar.
Sécher à four doux.
Peindre le tout puis vernir.

Animaux de la ferme

Le tas de paille :
Recouvrir un ravier de papier aluminium. Il servira de base au tas de paille et donnera du volume. Le poser devant vous à l'envers et dans le sens de la hauteur.

Étaler la pâte puis la poser sur le support, la base plus large que le haut. Le résultat ressemble à une cloche. À l'aide du presse-ail, fabriquer une quantité importante de filaments que l'on installe sur la forme et qui donnera le tas de paille.

Le cochonnet : modeler une boule pour la tête, deux plus petites aplaties et pincées feront les oreilles, une autre aplatie pour le groin. Marquer les yeux et les narines avec un bâton de sucette.

Le corps est constitué d'une grosse boule. Marquer les fesses à l'aide d'un cure-dent.

Faire une galette pour la cuisse, trois petits boudins pour les pattes.

Marquer les ongles au couteau. Enrouler un serpentin pour la queue.

Le lapin :
Un ovale forme le corps, un autre plus petit la tête. Marquer l'œil et le nez à l'aide d'une paille. Former quatre boudins pour les pattes, inciser les doigts au couteau.

Pour les oreilles, aplatir légèrement deux boudins, marquer le creux avec un cure-dent. Une petite boule sert de queue.

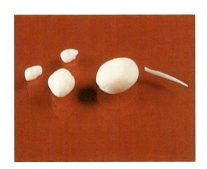 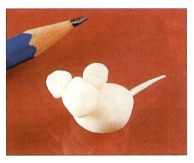

La souris :
Une boule ovalisée forme le corps, une plus petite la tête, et deux boulettes aplaties les oreilles. Un fin boudin sert de queue.

Assembler tous les éléments. Ils doivent être très petits car il faut respecter les proportions entre les différents animaux de la ferme.

Marquer les yeux avec un cure-dent.

45

Le poussin :
Étirer une boule afin de lui donner une forme de haricot. Pincer les extrémités : une pour la queue, l'autre pour la tête.

Deux petits triangles de taille différente servent pour le bec et pour l'aile.
Marquer l'œil avec le cure-dent.

L'oie :
Rouler une grosse boule pour le corps. L'aplatir légèrement. Rouler un boudin pour le cou. L'aplatir du côté de la tête.

Un ovale forme la tête. Découper l'aile au couteau puis marquer les plumes. Marquer l'œil.

Former deux cônes aplatis de taille différente pour la queue et le bec. Pour ce dernier, pincer un peu le bout.

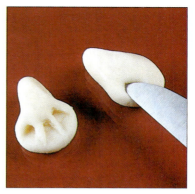

Préparer deux petits boudins pour les pattes : aplatir avec la pointe du couteau, trois fois. Vous obtenez la palme. Pour la patte, pincer puis aplatir légèrement.

Assembler les éléments en les collant avec de l'eau.

La poule :

Façonner une grosse boule pour le corps. Aplatir trois cônes pour la queue et les cuisses.

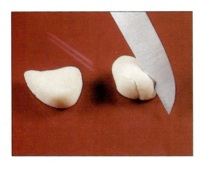

Marquer les plumes au couteau. Façonner l'aile.

La tête de la poule : le cou est formé par un boudin évasé. Découper les plumes au couteau.

Un petit triangle est utilisé pour le bec. Marquer l'œil avec un bâton de sucette.

Former les pattes avec deux petits boudins. Ouvrir les doigts avec un couteau.

Préparer deux petites galettes pour les barbillons. Les coller sous le bec. Fabriquer une crête. La poser sur la tête.

Assembler tous les éléments avec un peu d'eau.

Le coq :

Les premières étapes sont les mêmes que pour la poule. Le faire un peu plus gros que la poule.

Découper la crête à l'aide d'un petit moule, marquer l'aile au couteau. Découper des pattes plus grosses, sans oublier les ergots.

Pour les plumes de queue du coq, découper de longues bandes aplaties que vous superposez.

Afin de pouvoir poser les plumes facilement, installer autour de la queue quelques galettes de pâte.

50

Installer tous les animaux sur le tas de paille.
Sécher à four doux (th. 2) pendant plusieurs heures. La paille ne doit pas brunir.
Après refroidissement total, peindre les animaux et vernir.

Poule coquetier

Le corps : modeler un boudin et l'enrouler autour d'un cylindre. Dans un fond de pâte, découper deux cœurs avec un emporte-pièce, couper l'un d'eux en deux. Imprimer le plumage avec le dos du couteau.

La queue et les ailes :
Fixer verticalement la queue au contact de l'anneau, du côté opposé à la suture. Le soutenir avec un cylindre de papier aluminium. Disposer les ailes de chaque côté.

Le cou : du côté opposé à la queue, planter dans l'anneau un petit cône en carton. Recouvrir celui-ci d'une bande de pâte préimprimée. Pour plus de volume, vous pouvez recouvrir d'une deuxième bande de pâte.

La tête : modeler une boule légèrement ovale, la fixer sur le cône en y piquant un cure-dent. Écraser deux boulettes et les disposer de chaque côté de la tête. Imprimer l'œil en leur milieu. Découper une épaisse bande crantée pour la crête.

Le bec : découper un triangle dans un fond de pâte épais, arrondir les arêtes et courber légèrement la pointe la plus aiguë. Pour les barbillons, poser sous le bec un cœur de pâte fine, pointe en haut et ailes repliées. Sécher à four doux. Laisser refroidir puis retirer le cylindre de papier. Peindre la poule puis vernir.

Souriceau et morceau de gruyère

Le morceau de gruyère :
Prendre une boule de pâte. À l'aide du couteau, couper une forme géométrique. Avec une grosse paille, imprimer des ronds pour simuler les trous de gruyère.

La tête du souriceau :
Préparer une boule. La pincer de chaque côté pour faire la place des oreilles.

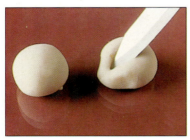

Faire deux boules pour les oreilles. Appuyer la pointe du couteau pour marquer l'intérieur de celles-ci.

Modeler une boulette pour le nez. Marquer les yeux. Poser les dents.
Vous pouvez piquer quelques poils de balai pour faire des moustaches ou les peindre après cuisson.

Le corps du souriceau :

Une grosse boule ronde fera le ventre. Marquer le nombril avec un bâton de sucette.

Quatre boudins (2 longs, 2 courts) feront les pattes. Marquer les doigts avec le bout du couteau. Un fin boudin servira pour la queue.

Assembler tous ces éléments, sans oublier la queue de la souris sur le morceau de gruyère. Sécher à four doux puis finir la cuisson à th. 4 pendant 30 minutes. Laisser refroidir.

Peindre le tout et vernir.

Un coin de forêt

Le tronc : rouler un gros boudin, couper droit les extrémités. Aplatir une boule en galette, la poser sur le haut du tronc. Avec une vis, dessiner les traits de l'écorce et de la tranche. Aplatir légèrement le tout.

Le renard : façonner un long boudin pour le corps du renard. Fendre celui-ci en son premier tiers pour les pattes.

Étirer la boule de la tête de chaque côté pour former les joues, un petit cône pour le nez, marquer la truffe. Deux petits triangles forment les oreilles.

Fabriquer une queue touffue. La placer d'un côté du tronc et le corps du côté opposé.

La belette : modeler un long serpent irrégulier. Il doit être affiné au niveau de la tête, renflé au bas du dos et aplati pour former la cuisse.

Rouler un petit boudin pour la queue et la patte. Pincer deux boulettes pour les oreilles, marquer le nez, la bouche et les yeux.

Le hérisson : faire un œuf pour le corps du hérisson. Rouler un ovale pour la tête, pincer le bout du nez, poser deux petites boules pour les oreilles et une pour la truffe.

Cranter tout le corps et la tête en entaillant la pâte avec la pointe d'une paire de ciseaux.

Prévoir deux boudins pour les bras et deux petites boules pour les pieds. Marquer les doigts au couteau. Assembler.

Les feuilles de fougère : étaler une bande de pâte. Découper la bordure au moule ou à la roulette à pâtisserie, marquer les nervures.

Installer le renard et la belette de part et d'autre du tronc, asseoir cette dernière sur les cailloux (boules de pâte). Poser le hérisson en haut du tronc.

Sécher au four.

Peindre les animaux et le décor puis vernir.

Dragon furieux

Les ailes : étaler la pâte. À l'aide d'un petit moule, découper le tour des ailes. Imprimer la grille d'une passoire sur toute la surface. Pincer les cartilages de l'aile en vous aidant d'une pince à chiqueter ou de deux bâtonnets.

Le corps : rouler un long boudin aminci à l'extrémité pour former la queue. Imprimer des marques de boulons ou de boutons sur le corps. Marquer les renflements du ventre au couteau.

La tête : rouler une boule, l'aplatir en galette. Ouvrir la gueule avec le couteau. Pincer l'oreille, marquer la narine et l'œil à l'aide d'une paille. Découper la langue dans un petit boudin puis fendre son extrémité. Coller un ovale pour la joue, strier la collerette du dragon sur la base du cou.

Les pattes : former un boudin aminci et légèrement aplati. Marquer le haut de la cuisse à l'aide de la passoire, plier la cuisse vers le pied. Ouvrir ce dernier avec un couteau pour former les doigts.

Assemblage : poser en premier l'aile du dragon puis le corps. Lui donner la forme désirée, installer la tête, appuyer sur la zone en contact avec le corps afin de renforcer l'adhérence. Poser l'autre aile et enfin la patte. Enfoncer un trombone dans la tête en guise d'attache.

Sécher au four.

Peindre le dragon puis vernir.

Le lutin

Le corps : à l'aide d'un couteau, fendre les jambes. Deux boudins forment les bras. Piquer un demi-cure-dent pour fixer la tête.

La tête et les oreilles : former cinq boules : une grosse pour la tête, deux moyennes pour les mains et deux petites pour les oreilles. Entailler celles des mains à l'aide d'un couteau pour former les doigts.

La collerette et le bonnet : découper la colerette en étoile, sans oublier la découpe du cou.
Faire un triangle pour le bonnet. Pincer le bas pour former le rebord.

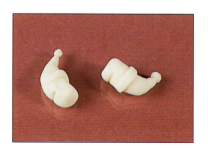

Les sabots : préparer deux boules. Les ovaliser puis pincer les extrémités. Disposer deux petites boules au bout pour former les pompons.

Assembler tous les éléments du lutin.
Sécher au four.
Peindre et vernir.

Poupée de collection

Cette poupée peut, une fois montée, s'habiller comme une poupée de porcelaine. Vous pouvez ainsi créer votre propre collection de poupées anciennes.

La tête : modeler une boule pour la tête ainsi qu'une demi-boule pour les épaules, un cure-dent enfoncé entre les deux pour solidifier l'ensemble.

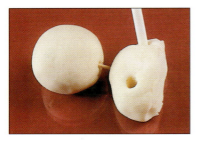

Percer avec un bâtonnet au niveau des épaules. Ces trous vous serviront à fixer les éléments du corps de la poupée au sac de riz.

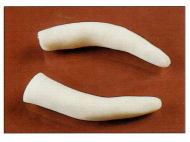

Les bras : rouler deux boudins. Affiner les extrémités pour les mains.

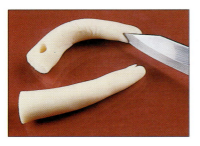

Marquer les doigts au couteau. Percer pour l'attache. Donner une légère courbure aux bras.

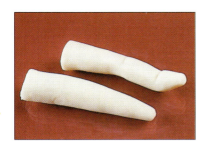

Les jambes : procéder de même pour les jambes. Replier les pieds vers le haut.

Mettre une boule de pâte recouverte d'un morceau de papier aluminium comme cale pour la cuisson. Il ne faut pas que le pied retombe.

Les cheveux : étaler une bande de pâte très fine. Strier au couteau…

puis l'enrouler autour d'une pique en bois.

Humecter le tour de la tête avec un coton-tige

puis disposer délicatement les boucles. Cuire à four très doux afin que la pâte reste blanche.

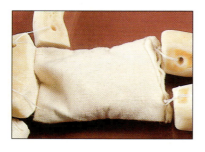

Le montage : fabriquer un sac de toile que vous remplirez de riz. Le fermer.

Coudre les diverses parties du corps avec de la ficelle.

Il ne vous reste plus qu'à peindre le visage de votre poupée et à lui confectionner des vêtements.

Décor de table

Chapeau de marin porte-nom, porte-menu :

Découper un petit rond avec une capsule de bouteille. Y poser un rond plus grand dont le bord est taillé en biseau. Les assembler.

Passer une boule de pâte à travers le grillage d'une passoire pour obtenir le pompon que l'on pose sur le grand rond.

Faire sécher en glissant une lamelle de carton au milieu du pompon.

Sécher, décorer puis vernir.

Bateau sel/poivre :

Étaler un fond de pâte et y tracer l'ébauche du canot. Poser un boudin sur le tracé en laissant une bordure. Poser un boudin plus fin en travers. Planter trois demi-trombones.

Poser de petites boulettes sur la bordure avant pour imiter les galets. Cranter et repousser la pâte de la bordure arrière avec le couteau pour faire l'effet des vagues.

Sécher à four doux.

Peindre et vernir.

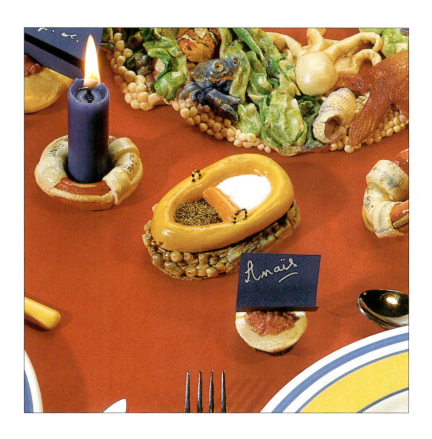

Poisson-pique :

Découper dans la pâte une forme de poisson. Aplatir légèrement les nageoires avec le plat du couteau et les strier.

Avec un bâton de sucette, imprimer l'œil. Faire un petit trou avec un cure-dent pour le regard. Avec la moitié du bâton, imprimer les écailles.

Faire pré-sécher puis laisser reposer sur une épaisseur de pâte humidifiée en ayant glissé une pique entre les épaisseurs.

Découper, lisser la suture, retourner le tout et décorer l'autre côté du poisson. Faire cuire l'ensemble.

Peindre et vernir.

Bouée porte-bougie :

Modeler un boudin de pâte en affinant légèrement les extrémités. Enrouler le boudin autour d'un bouchon en superposant les extrémités.

Tailler quatre bandelettes de pâte fine. Entourer le boudin d'une cordelette et la fixer avec les bandelettes.

Sécher à four doux.

Peindre et vernir.

Le petit coin

Étaler un fond de pâte en chassant la matière sur les côtés pour laisser le centre plus épais.

Esquisser le dessin du cabanon en tenant compte de l'épaisseur. Découper la forme, écraser la pente du toit avec le rouleau en chassant la matière. Recouper si nécessaire. Tracer les planches à la pointe du couteau.

Ajouter la porte. Former une demi-boulette écrasée pour la tête du personnage. Tracer les traits du visage au couteau. Mettre en place deux triangles lacérés pour les mains.

Terminer la réalisation en disposant une bouée et quelques boulettes et boudins piquetés pour le feuillage. Piquer un trombone.
Sécher plusieurs heures à four doux.
Peindre puis vernir.

La salle de bains

Tailler un ovale pour le miroir et un trapèze pour le baquet. Marquer la bordure de l'ovale pour imager le cadre. Imprimer le dos d'un couteau afin de suggérer les lattes de bois du baquet. Cercler en posant deux fines lamelles de pâte.

Mettre les personnages en place avec des volumes simples : des boules aplaties pour la tête, le buste et les mains, des boudins de taille différente pour les bras, le cou et les jambes.

Lorsque l'on modèle avec le couteau, tenir celui-ci bien perpendiculairement au plan de la pâte.

Marquer d'abord la racine du nez et l'œil avec la pointe puis le modelé de la joue et du nez avec la tranche.

Rentrer la base du nez et marquer la narine ainsi que la bouche avec la pointe du couteau. Avec le plat, modeler le bas de la mâchoire et de la joue.

Modeler la chevelure en repoussant doucement la pâte avec la pointe et le plat du couteau.

Étaler un fond de pâte pour la jupe et couvrir le volume des jambes. Il faut toujours commencer la pose en repliant la pâte et terminer de même. Ce système donne plus de volume et de naturel.

Marquer les plis de ceinture avec un cure-dent. Poser le deuxième bras et couvrir l'épaule avec le col.

Sécher au four.

Peindre le décor et vernir.

77

Photophore phare

C'est une pièce qui se construit en plusieurs étapes, elle nécessite des armatures simples comme un rouleau de carton et une boîte 1/4 de conserve, recouverts de papier aluminium.

La base du phare : habiller le rouleau avec un morceau de pâte légèrement rabattu sur une arête pour éviter l'affaissement.

Pour donner l'effet « pierre », imprimer les lignes horizontales avec une ficelle et tracer les verticales avec un couteau.

Les rochers : posés avant la porte, ils sont composés d'un amas de boules de pâte retravaillées.

La porte : découper la forme d'une porte et de son chambranle. Tasser la surface de la porte en tenant le couteau à plat. Imprimer les pierres avec un cure-dent.

Assembler et enfourner à température moyenne pendant 1 heure pour fixer la structure. Laisser refroidir dans le four.

La lanterne et son couvercle : découper 2 fonds en pâte à 1 cm du bord de la boîte de conserve.

Enrouler une bande de pâte de 6 cm de large autour de celle-ci

puis poser au-dessus une bande d'aluminium de même épaisseur.

Poser une bandelette de pâte à cheval sur la pâte et l'aluminium.

Découper des fenêtres avec une capsule ou un bouchon.

Faire sécher ainsi que le fond, mais sans les assembler.

Prendre le deuxième fond en pâte. Le poser à cheval sur la passoire puis découper à l'aide d'une capsule les fenêtres du tour et une au-dessus.

Faire sécher au four.

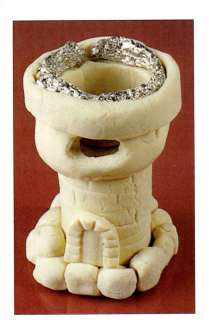

Les travaux étant suffisamment solides, retirer les armatures, assembler le corps et la lanterne en humidifiant les surfaces de contact. Renforcer avec un fin boudin lissé à la jonction. Remettre au four, (th. 3-4), jusqu'à complet séchage.

Peindre légèrement les rochers. Vernir l'intérieur du photophore. Installer une bougie de chauffe-plat dans la lanterne pour éclairer le phare.

Père Noël suspendu

Préparer une pâte à sel sèche, elle se craquelle légèrement mais se déforme peu.

La charpente : modeler un long boudin de papier aluminium. L'enrouler autour d'une pique en bois. Cette armature permet d'alléger le modèle et d'éviter son tassement.

Les jambes : découper une lame de pâte et l'enrouler autour de la jambe de papier. Marquer la limite entre pantalon et chaussure en étranglant la pâte.

Modeler un boudin de pâte pour la deuxième jambe et l'installer.

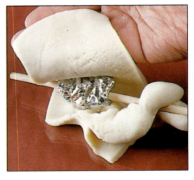

Le corps : tailler une large bande de pâte. La draper autour de l'armature en couvrant la base des jambes.

Superposer la suture, à l'avant, rabattre la pâte autour du bâtonnet.

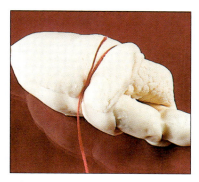

Étrangler légèrement la taille avec une cordelette.

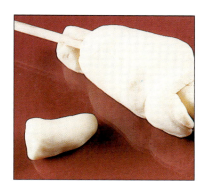

Les bras : modeler deux boudins courts et effilés à une extrémité, les mettre en place de chaque côté du buste et de la pique.

Les mains : façonner deux boucles et les positionner au bout des bras.

La tête : préparer une boule. Marquer les yeux. Pincer une petite boule pour le nez. Le fixer. Aplatir deux petites boules pour les pommettes. Préparer la barbe, les moustaches, et une boulette pour la bouche.

Fixer la barbe, la moustache et la bouche. La marquer d'un coup de paille. Disposer les cheveux. Piquer la tête sur le corps.

Le bonnet : préparer un demi-disque de pâte et un long boudin fin.

Enrouler le bonnet en formant un cône et en disposant la suture en dessous. Border avec le boudin.

Le sac de jouets se réalise comme ceux de la montgolfière (voir p. 93). Disposer une tête d'ourson (p. 89) sur l'ouverture. Sécher à four doux. Peindre puis vernir. Le fixer à l'aide d'un ruban fin.

Faire sécher l'ensemble au four en surveillant les parties pleines.
Au besoin, les caler avec des boules de papier aluminium.
Peindre le père Noël puis le vernir.

Montgolfière

La confection de cette très jolie pièce nécessite de maîtriser les techniques de base du travail de la pâte à sel : façonnage, décoration, peinture. Ne commencez pas par cette réalisation mais exercez-vous d'abord en réalisant quelques autres objets moins complexes.

Le ballon : dans un fond de pâte, découper la forme du ballon, une lune droite, une lune gauche et une amande, le tout de même hauteur. Placer les attaches.

Poser un gros boudin sur le fond « ballon » ainsi que deux boules en son milieu pour soutenir les trois pans.

Mouiller le pourtour. Appliquer les lunes de haut en bas en suivant l'arrondi du ballon. Poser la découpe en amande à cheval sur les lunes. Maintenir sa pointe surélevée avec une boule de papier aluminium. Lisser les sutures avec soin.

Le décor du ballon : imprimer une dentelle sur une bande de pâte et la poser en travers du ballon.

Finir le décor, en ajoutant les boulettes, en imprimant des disques avec la paille.

Découper une bande de pâte. La marquer avec un peigne. L'entailler à quelques endroits. Décorer le haut en roulant un écrou.

Couvrir le raccord des pointes avec la bandelette lacérée.

La poupée : modeler deux boules, une pour le corps, l'autre pour la tête, deux boudins pour les bras, deux boulettes pour les mains. Découper avec un moule une rondelle pour le col.

Assembler le tout en piquant la tête avec un cure-dent. Travailler le visage.

Le lapin bleu : modeler une boule un peu ovale pour le corps, une autre très lisse pour la tête. Découper la collerette avec le moule. Prévoir un boudin de pâte plus fin aux extrémités pour les oreilles. Poser un rectangle de pâte sur le ventre. Le strier.

Assembler tous les éléments. Aplatir les oreilles. Marquer le nez à l'aide d'une paille coupée et les yeux à l'aide d'un cure-dent.

L'ours : préparer soigneusement tous les éléments nécessaires à sa réalisation. Marquer les yeux et les oreilles avec un bâton de sucette. Imprimer un motif sur la bordure du chapeau. Dessiner le museau à l'aide d'une paille coupée, le pull avec un cure-dent.

Assembler les différentes parties. Piquer la tête sur le corps. Plier le chapeau. Le décorer avec le nœud. Réserver un bras.

La nacelle : découper deux nacelles identiques pour prendre les modelages des jouets en sandwich. Disposer deux trombones.

Poser un gros boudin de pâte allongé aux extrémités. Disposer les personnages. Combler les vides avec des boules de pâte à sel.

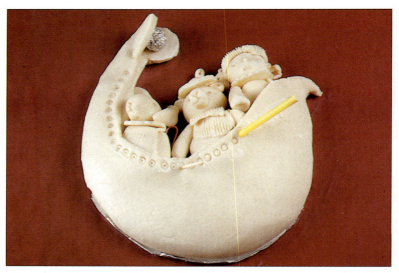

Couvrir de l'autre moitié. Bien lisser le bord en appuyant pour solidariser les deux moitiés et le boudin de pâte. Maintenir l'extrémité ouverte à l'aide d'une boule de papier aluminium. Décorer la nacelle à l'aide d'une paille et d'un cure-dent.

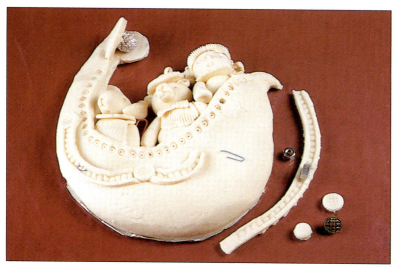

Poursuivre la décoration à l'aide de bandes de pâte à sel imprimées de motifs variés, collées sur la nacelle. Piquer les attaches pour les ballons.

Le petit lapin : préparer un boudin de pâte. Le pincer au centre. Couper le haut en deux pour former les oreilles. Deux boudins plus fins servent de pattes. Marquer le museau à l'aide d'une paille coupée et les yeux à l'aide d'un cure-dent.

Glisser le lapin dans la nacelle. Ajouter la dernière patte de l'ours.

La grenouille : modeler deux boudins pour les pattes. Écraser l'extrémité avec la pointe du couteau pour les palmer. Découper un fin ruban de pâte pour faire les volants et les appliquer aux poignets. Modeler une grosse boule pour la tête. Pincer le haut. Appuyer la paille. Imprimer les yeux et fendre la bouche.

Disposer la grenouille dans la nacelle en l'asseyant sur le rebord, appuyée à la coque. Donner des mouvements à sa collerette.

Faire sécher à four doux (th. 2) pendant plusieurs heures. L'ensemble doit être sec et ne pas s'être coloré.

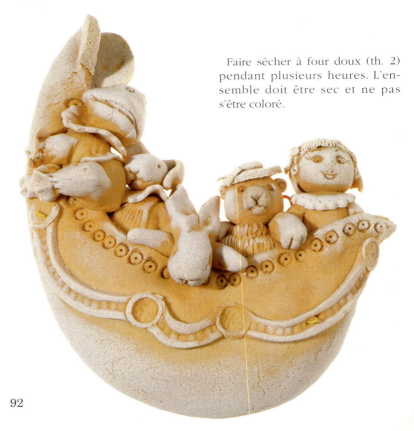

Les sacs : préparer deux boules de pâte. Pincer le haut en l'ouvrant de façon à former un col.

Marquer les plis avec un cure-dent. Piquer un demi-trombone dans chacun afin de pouvoir les attacher ensemble.
Sécher au four.

Peindre chaque partie de la montgolfière et des personnages en soignant particulièrement les détails et le choix des couleurs.

L'assemblage des différentes parties se fait au moyen de rubans de satin glissés dans les trombones et cousus. Pour les sacs, passer le ruban deux fois afin de pouvoir, par la suite, les équilibrer en les changeant de position.

TABLE DES MATIÈRES

Introduction   3

TECHNIQUES DE BASE

Avant de commencer   4
Préparer la pâte à sel   6
Colorer la pâte à sel   8
Conserver la pâte à sel   9
Façonnage   10
Décoration   12
Les fleurs   14
Cuisson   16
La peinture et le vernis   18
Assemblages   20
Utilisation des pièces
   terminées   22

RÉALISATIONS

Pommier des mariés   26
Tresse, ail et sorcière   28

**Tresse, écureuil et
   noisettes**   30
**Gerbe de maïs et de blé
   aux 2 souricettes**   32
Bébé chou   34
Panier de roses   36
L'urne aux coquelicots   38
**Coupelle en nénuphar
   et grenouille**   42
Animaux de la ferme   44
Poule coquetier   52
**Souriceau et morceau
   de gruyère**   54
Un coin de forêt   56
Dragon furieux   60
Le lutin   62
Poupée de collection   64
Décor de table   68
Le petit coin   74
La salle de bains   76
Photophore phare   78
Père Noël suspendu   82
Montgolfière   86

Les auteurs remercient Catherine BAILLAUD.

© S.A.E.P., 1997
Dépôt légal 2ᵉ trim. 1997 n° 2 318

Imprimé en C.E.E.